Pia Deges

Achtung, die Bastel- monster kommen!

Erschreck deine Eltern — werde Bastelmonster!

Hier kommt eine volle Ladung raketenmäßiger Projekte — nur für Jungs. Du magst Star Wars? Dann bau' dir ein Lichtschwert, vor dem selbst Darth Vader weiche Knie bekommen würde. Oder entwirf Ufos, mit denen man Omas, kleine Schwestern oder nervige Nachbarn im Dunkeln erschrecken kann.

Vielleicht stehst du ja auf Dinosaurier und Drachen? Dann mach' dir dein eigenes Dino-Ausgrabungsset, bastel' einen Feuerlöschdrachen mit Nass-spritz-Garantie oder bring' einen brodelnden Vulkan zum Ausbruch.

Verteidige dich mit Schwammbomben, bau' Rennautos, bei denen die Funken sprühen, oder fang' deine kleine Schwester mit schrecklich ekeligen Monsterkrallen.

Werde zum Bastelmonster!

Deine eigenen tollen Projekte lassen Glotze und Spielkonsole blass aussehen. Viele spannende Abenteuer warten nur darauf, von dir ins Leben gebastelt zu werden.

Müll, Kleber, Schere und Farbe reichen oft schon aus. Manchmal allerdings braucht man spezielle Spezial-Sachen — aus dem Bastelladen oder dem Baumarkt.

Ganz ab und zu brauchst du lästige Hilfe — aber manchmal geht es halt nicht ohne. Also frag' den großen Bruder, deine Eltern oder die Patentante, ganz nach dem Motto: Mund aufmachen, Hilfe holen und dann alleine weiterwursch teln.

Die Bilder im Buch sind nur eine Anregung — stress' dich nicht, sondern mach dein eigenes Werk daraus. Es wird sowieso besser! Deiner Fantasie sind keine Grenzen gesetzt.

Und jetzt schnapp' dir eine monstermäßige Bastelidee und los geht's!

Inhalt

Na, Opa, startklar?

MALBÜRO

BRR

Hüja!

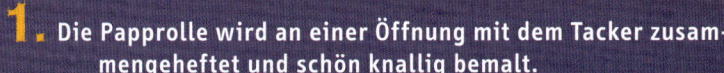

Funkenflitzer

Wenn sie Gas geben, glüht nicht nur das Gaspedal. Hier sprühen Funken! Und jetzt bitte die Rennstrecke freimachen und auf das Startsignal warten.

1. Die Papprolle wird an einer Öffnung mit dem Tacker zusammengeheftet und schön knallig bemalt.

2. Mit einer spitzen Schere stichst du auf jede Seite vorne und hinten jeweils ein Loch, also insgesamt vier Löcher. Hier sollen die Räder sitzen.

3. Stecke einen Holzspieß als Achse durch beide Löcher hinten und einen durch beide Löcher vorne. Den Spieß nun so abschneiden, dass er auf beiden Seiten gleichmäßig rausguckt.

4. Von einem Strohhalm vier kleine Stücke abschneiden und auf die Holzspieße stecken. Jetzt kommen die Räder mit etwas Kleber dran.

5. Aus der Holzkugel wird ein echter Rennfahrer mit Helm, male sie entsprechend an und klebe den Rennfahrer an Ort und Stelle.

6. Jetzt kannst du deinen Funkenflitzer noch nach Belieben mit Feuerstrahlen, Blitzen, Streifen oder Nummern aus Fotokarton verzieren. Und schon heißt es: Auf die Plätze, fertig, los!

Tipp: Damit Funken sprühen, steck' ein bisschen Knete hinten in den Flitzer. In die Knete pikst du Wunderkerzen hinein. Das hält prima. Jetzt eine Abfahrt suchen, anzünden und losrollen lassen. Besonders cool sieht das im Dunkeln aus!

Material:
Papprolle, Acrylfarbe, Holzspieße, Strohhalme, Holzkugel (ø 15 mm), Holzräder mit Gummiring (ø 45 mm), Fotokarton, Wunderkerzen, Knete, scharfe Schere, Tacker, Alleskleber

Spuklichter.

Hier kommen Gustav Grusel und Günni Gänse-
haut aus Geisterhausen. Sie sind Meister im
Schocken, Spuken und Erschrecken! Und
das Beste: Sie leuchten auf Knopfdruck!

1. Die Plastikflasche wird
mit weißer Acrylfarbe bemalt und
dann erst mal zum Trocknen weggestellt. Manchmal braucht sie einen zweiten Anstrich.

2. Aus dünnem weißen Stoff schneidest du ein großes rundes Stück zurecht, das einmal
die ganze Flasche abdeckt. Den Stoff stülpst du über die getrocknete weiße Flasche und
befestigst ihn mit einem Gummi am unteren Flaschenhals. Zusätzlich wickelst du einmal
Draht um die Stelle, an der normalerweise der Flaschenverschluss sitzt.

3. Mit dem Draht kannst du auch gleich eine kleine Schlaufe für den Laternenstab machen.
Dafür Draht einmal um die Flaschenöffnung, dann um einen Stift wickeln und den restlichen Draht wiederum um die Öffnung. Fertig ist die Laternenstabaufhängung.

4. In den Stoff schneidest du an der Flaschenöffnung ein Loch, damit die Glühbirne hineinpasst.

5. Male geisterhafte Spukgesichter auf Fotokarton auf und schneide sie aus.
Mit Alleskleber aufkleben und schon gucken sie frech aus der Wäsche.

6. Aus dem Chenilledraht werden Arme. Dafür verbindest du drei 30 cm lange Chenille-
drähte durch Aneinanderdrehen miteinander. Den so entstandenen Draht wickelst du einmal um das Gummi am Hals und verzwirbelst ihn mit einem kleinen Knoten.

7. Die Drahtenden werden als Arme unter den Stoff gefrickelt. Dann
tropfst du ein bisschen Alleskleber in das Loch einer Wattekugel und steckst ein Drahtende hinein. Am anderen
Arm wiederholen. Jetzt hast du ein
wehendes Gespenstergewand.
Laternenstab dran und
losgeistern!

SPUUUUK-
Licht!
Es heißt Spuuuklicht!

Vulkan-ausbruch

Dieser Vulkan ist der Hit! Bau' ihn, bemal' ihn, dekorier' ihn – und dann lass es krachen. Mit einem supereinfachen Rezept bringst du den Vulkan zum Ausbruch und deine Freunde zum Staunen!

Material:

2 Pappteller, Joghurttrinkflasche, Acrylfarbe in Braun und Rot, Knete in Grün, Spielzeugkram als Dekoration, Tacker, Alleskleber

1. Los geht's! Stell' die Flaschenöffnung der leeren Trinkflasche auf den Kopf in die Mitte des Papptellers und umrande sie mit einem Bleistift. Schneide einen Schlitz in den Teller bis zur Mitte. Den eingezeichneten Kreis musst du auch ausschneiden.

2. Jetzt legst du den Papptellerstreifen um den Flaschenhals, sodass die Flaschenöffnung frei bleibt. Den Pappteller am Schlitz zusammentackern.

3. Beim zweiten Pappteller schneidest du den inneren Kreis entlang dem verzierten Tellerrand aus. Nur der äußere Streifen wird gebraucht. Tackere ihn wiederum unten an den Vulkankegel an.

4. Nun kannst du deinen Vulkan bemalen.

5. Zum Schluss formst du mit grüner Knete Würstchen, drückst sie um den Rand des Vulkans und verzierst das Ganze mit Plastikfiguren aus deiner Spielzeugkiste. Jetzt wird es Zeit den Vulkan zum Leben zu erwecken!

Rezept:

Schütte 2 EL Backpulver, 3 Tropfen rote Lebensmittelfarbe und 1 EL Spülmittel in die Vulkanöffnung. Damit die Lava jetzt aus dem Krater blubbert, kommen noch 1 ½ EL Essig dazu. Zurücktreten und tatatata ... fertig ist der Vulkanausbruch!

Tipp: Statt der Mischung oben kannst du auch rotes Brausepulver und Zitronensaft nehmen.

Ganz wichtig, bevor es losgeht: Stelle den Vulkan an einen Ort, der schmutzig werden darf!

Hosentaschen Flitzebogen

Dieser Flitzebogen ist so klein, dass er in jede Hosen-tasche passt. Und das Beste: Um ihn zu bauen, musst du erst mal ein Eis am Stiel essen ... und zwar am Holzstiel!

Material:

Eisstiele aus Holz, Ohrenstäbchen, Zahnseide, Acrylfarbe nach Wunsch, Pinsel, alte Papier-reste, buntes Klebeband (1,5 cm breit) und ein Taschenmesser

1. Den Holzstiel schön sauber machen und in ein Glas Wasser legen (am besten über Nacht). Mit dem Taschenmesser ritzt du in das nasse Holz oben und unten jeweils auf beiden Seiten eine kleine Kerbe.

2. Jetzt kann der Stiel gebogen werden. Knote ein Stück 15 cm lange Zahnseide an die eine Seite des Flitzebogens. Die Kerben sorgen dafür, dass sie nicht verrutscht. Jetzt biegst du den Holzstiel vorsichtig, sodass er Flitzebogengestalt annimmt. Schlinge die Zahnseide durch die Kerben auf der anderen Seite des Stiels und verknote sie gut. So sollte der Bogen halten und kann angemalt werden.

3. Fehlen nur noch die Pfeile: Dafür befreist du ein oder mehrere Ohrenstäbchen von der Watte und umwickelst sie mit buntem Klebeband. An einem Ende schneidest du mit dem Taschenmesser noch mal eine Kerbe oben rein. Da hinein kannst du Federn aus Papierresten stecken, die du vorher nach Lust und Laune ausgeschnitten hast.

4. Pfeil in den Bogen spannen.
Und dann geht's auf die Pirsch …

Tipp: Schnapp' dir einen Pappkarton und zeichne eine Zielscheibe auf den inneren Karton-boden. Jetzt stellst du den Karton mit der Öffnung nach vorne quer auf ein Regal. Acht Schritte zurück-gehen und Zielschießen üben!

Kotzendes Krokodil

Spuckende Lamas kennt man ja, aber kotzende Krokodile? Irgendwie sind diesem hier die Zuckerteile nicht bekommen. Das arme Ding ist schon ganz grün!

1. Bemale den Pappbecher mit grüner Farbe. Mache einen Knoten in einen unaufgepusteten Luftballon und schneide von der Seite ohne Knoten etwa ein Drittel des Luftballons ab.

2. Jetzt schneidest du den Boden aus dem Pappbecher heraus und stülpst die Luftballonöffnung darüber. Das ist ein bisschen fummelig, vielleicht brauchst du Hilfe.

3. Die Luftkissenfolie wird um den Pappbecher herumgewickelt, zurechtgeschnitten und festgeklebt.

4. Damit das Krokodil schöne grüne Krokodilhaut bekommt, malst du die Folie jetzt auch noch mit grüner Farbe an.

Tipp: Wer kot: am weitesten? Krokodil mit Marshmallows Gummibärchen oder Weintrauben beladen Luftballonknoten schnacken lassen und schauen, wer am weitesten kommt.

Material:

Pappbecher, Luftballon in Grün, Acrylfarbe in Grün und Rot, Fotokarton in Weiß, Luftkissenfolie, 2 Wattekugeln (ø 25 mm), 1 Wattekugel (ø 10 mm), 2 Plastik-Tieraugen (ø 18 mm), Alleskleber

5. Anschließend schnappst du dir die Wattekugeln. Von den beiden großen Kugeln schneidest du ungefähr ein Drittel ab, steckst die Plastik-Tieraugen hinein und klebst sie als Augen auf.

6. Die kleine Pappkugel halbierst du, streichst beide Hälften rot an und klebst sie als Nasenlöcher vorne auf.

7. Fehlen nur noch die Zähne. Schneide aus weißem Fotokarton einen Streifen Zick-Zack-Zähne zurecht und klebe ihn dem Krokodil ins Maul. Und schon bist du fertig.

Mond-Mission

Raketenmäßige Langeweile? Lust auf andere Welten? Bau' dir deine eigene Mond-Mission! Wenn du willst, auch mit Funken sprühendem Antrieb.

Tipp: Drücke Knete von unten in die Triebwerke und steck' Wunderkerzen hinein. Einfach anzünden und du hast einen anständigen Raketenstart mit grandiosem Funkenflug!

1. Zuerst schneidest du eine Einstiegsluke in die Plastikflasche, dann malst die Flasche weiß an.

2. Aus den Klopapierrollen werden vier Triebwerke. Mal' sie blau an und verziere sie mit rotem Klebeband.

3. Die Styroporkugeln halbierst du, streichst sie silbern an und klebst sie auf die vier Triebwerke.

4. Die Spitze der Rakete baust du aus einer Minischultüte. Einfach silberne Klebefolie drumherum kleben und dann am Flaschenkopf mit grauem Klebeband befestigen. Zur Deko kannst du auch graues Klebeband einmal um die Einstiegsluke kleben.

5. Apropos Deko: Druck' dir aus dem Internet echte Raumfahrt-Logos aus und klebe sie auf deine Rakete – das macht sie noch echter.

6. Jetzt musst du nur noch die Triebwerke an den Raketenkörper kleben. Am einfachsten geht das mit Patafix®.

7. Wenn du Lust hast, bemalst du noch ein paar Rohholzfiguren als Astronauten und dann kann die Mond-Mission abheben.

Sturm im Abenteuerglas

Lass es stürmen! Zaubere dir fremde Welten! Du brauchst nur ein bisschen Plastikschrott aus deinem Zimmer.

Material:

Figuren und Dekorationen, alte saubere Gläser mit Schraubdeckel, Glyzerin, destilliertes Wasser, Glitzer & Co., Acrylfarbe, Pinsel, Heißklebepistole

1. Her mit der Farbe! Damit aus den alten Gläsern schöne Sturmwelten werden, kommt erst mal bunte Acrylfarbe auf die Deckel.

Glycerin gibt es in der Apotheke. Wenn du keins besorgen kannst, nimm einfach destilliertes Wasser mit einem Schuss Spülmittel. Das geht auch.

2. In die Deckelinnenseite werden mit der Heißklebepistole Figuren geklebt und alles, was sonst noch so ins Glas soll. Hol' dir dafür besser Hilfe. Probiere vorher aus, ob auch alles so passt, wie du es dir vorstellst.

3. Jetzt wird gemixt: Glycerin und destilliertes Wasser kommen im Mischverhältns 1:1 ins Glas, Glitzer und Glitter, Schneeteilchen oder Sterne gesellen sich dazu.

4. Den Deckel mit den angeklebten Figuren fest aufs Glas schrauben, Glas umdrehen und schon herrscht wilder Sturm im Abenteuerglas!

Degen

1. Für den Degen legst du zwei Seiten Zeitung übereinander vor dich hin. An der längeren Seite beginnst du die Zeitung zu einer Art Wurst zu rollen. Vielleicht kannst du jemanden bitten, dir zu helfen, mit vier Händen geht es einfacher. Schön eng rollen.

2. Jetzt umwickelst du die Zeitungsrolle mit Klebeband. Fang' oben an und arbeite dich nach unten voran. Die letzten 25 cm brauchst du nicht zu umkleben, die drückst du einfach ein bisschen platt.

3. Damit aus dem plattgedrückten Stück der Griff für deinen Degen wird, biegst du ihn wieder ein Stück nach oben. Wenn der Griff dir so gefällt, fixierst du ihn wieder mit Klebeband an der „Klinge".

4. Danach brauchst du eigentlich nur noch einen Kreis aus Karton auszuschneiden, ihn mit einem ca. 3 cm großen Loch zu versehen und das Ganze über die Klinge vom Degen zu streifen. Auch hier gilt: Angemalt sieht besser aus! Und schon kann die Schlacht beginnen.

6, 5, 4, 3, 2, 1 …

Material:
Graukarton (350 gr/m²), Küchenpapierrolle, Zeitung, Klebeband, Acrylfarbe in Schwarz und Silber, Schere

20

Waffenschmiede

Wenn tollkühne Ritter in den Kampf ziehen, brauchen sie neben starken Nerven vor allem eines: anständige Waffen! Also hereinspaziert in die Bastelmonster-Waffenschmiede. Streitaxt oder Degen, was soll's denn werden?

Streitaxt

1. Für die Streitaxt schneidest du zunächst die Klinge aus Pappe aus. Eine Vorlage dazu findest du hinten im Buch.

2. Als Nächstes machst du mit einer Schere zwei Schlitze in die Küchenpapierrolle, das wird der Griff deiner Streitaxt.

3. Hier hinein kannst du dann die Klinge stecken. Besonders wirkungsvoll sieht's natürlich aus, wenn du deine Axt mit schwarzer und silberner Farbe anmalst.

Tor, Tor, Tooooooor!

Bastel' dir dein eigenes Superteam. Alles ist erlaubt. Hier wirst du zum Fußballtrainer und stellst dir deine eigene Mannschaft zusammen.

1. Die Wattekugel wird als Kopf mit Alleskleber auf die leere Joghurttrinkflasche geklebt.

2. Jetzt stellt sich dir, dem Trainer der Mannschaft, natürlich die Frage: Wie sieht dein Lieblingsteam aus? Welche Farbe haben die Trikots? Welche Frisuren die Spieler? Male einfach drauf los und wenn es nicht ganz so perfekt aussieht, nimm es sportlich!

3. Für das Tor schneidest du aus dem Deckel eines Schuhkartons ein Viereck aus. Wichtig ist, dass unten am Torboden kein Rand Karton stehen bleibt, sonst fliegt der Ball nicht ins Tor.

4. Male das Ganze schwarz an und beklebe die Torpfosten mit weißem Klebeband. Fertig ist dein Kicker!

FUSSBALL QUIZ

Material:
5 Trinkjoghurtflaschen, Wattekugeln (ø 45 mm), Acrylfarbe, Alleskleber, Schuhkarton, Klebeband in Weiß

Tipp: Je fleißiger du bastelst, desto größer wird deine Mannschaft. Am besten du findest noch ein anderes Bastelmonster. Dann habt ihr zwei Mannschaften und könnt gegeneinander antreten. Als Ball eignet sich z.B. ein Tischtennisball oder auch ein Flummi.

Material:

alte Arbeits- oder Gartenhandschuhe (je größer, desto besser), Acrylfarbe, Filzreste, Stoffreste, Fellreste, Tonpapier, Alleskleber, Schere, Pinsel

1. Die Handschuhe malst du mit Farbe an. Je nach Monsterlaune in Braun, Rot, Grün oder Schwarz. Farben mischen sieht auch gut aus. Nicht vergessen, das ist kein Schönmalwettbewerb, sondern es soll fürchterlich aussehen!

2. Wenn du lieber viel Filz oder Fell aufklebst, kannst du die Farbe auch ganz weglassen und die Handschuhe dafür großflächiger bekleben.

Monsterkrallen

Mit diesen fiesen Grapschern wird Erschrecken ein Kinderspiel. Ob die lästige Schwester, die nervigen Nachbarn oder den Köter von nebenan. Gruselfaktor garantiert!

3. Für jeden Finger Filzstreifen oder Fell zurechtschneiden. Dann eine Blutvene aus Filz draufkleben oder -malen.

4. Zum Aufkleben am besten den Handschuh anziehen und dann mit Alleskleber die Streifen auf die Finger pappen. Jetzt ist Geduld angesagt, denn der Kleber muss gut trocknen, damit alles richtig hält.

5. In der Zwischenzeit kannst du dich aber prima um die Fingernägel kümmern. Dafür werden aus Tonpapier schöne lange Krallen ausgeschnitten und ebenfalls mit Filzresten beklebt. Monster schneiden ihre Krallen nicht so oft, also können sie ruhig krumm und schief sein. Das sieht echter aus.

6. Die Fingernägel mit Klebstoff oder Heißkleber an die Handschuhspitze kleben, Trockenzeit abwarten und dann geht's auf die Pirsch!

Fossilienfälscher

Werde zum Fossilienfälscher!
Mach' Abdrücke aus der Dinozeit!

put put

Material:
Efaplast®, kleine Plastikdinosaurier,
Plastikbäume, Wasserfarben und Pinsel

1. Aus Efaplast® formst du eine Kugel und drückst sie schön platt.

2. Jetzt kommen die Dinosaurier zum Einsatz. Drücke einen Dino fest in die Masse hinein, sodass ein schöner Abdruck entsteht. Mit eingedrückten Plastikbäumen sieht das Ganze noch viel echter aus.

3. Wartezeit einplanen, denn bevor es weitergehen kann, muss das Efaplast® austrocknen und hart werden. Dann bekommen die Fossilien mit Wasserfarbe einen Anstrich.

schön stillhalten, Kurti!

press drück

Tipp: Du kannst als Dino-Forscher mit diesen Fossilien auch prima eine Ausstellung machen. Such' Namen, Größe und andere besondere Merkmale in einschlägigen Forscherbüchern heraus und beschrifte deine Ausgrabungen. Beim Fundort darfst du natürlich ein bisschen schummeln.

Ruhmreiche Fossilien Entdecker

Fress-silien:

Statt Fossilien kannst du auch Fress-silien machen. Zum Verputzen, Rumkrümeln und Aufmampfen.

Rezept:

200 g Butter, 125 g Zucker, 1 Ei, 400 g Mehl

Butter, Zucker und Ei verrühren. Mehl dazugeben. Teig gut durchkneten und mindestens eine Stunde kühl stellen. Danach aus dem Teig Kugeln formen und zu kleinen Talern platt drücken. Hier kommen wieder die Plastikdinos zum Einsatz. Abdrücke damit machen. Manchmal erzeugen auch die Fußspuren größerer Plastikdinosaurier einen tollen Effekt. Die Fress-silien auf Backpapier legen, Blech auf mittlerer Schiene in den Ofen schieben und bei 200 Grad 15 Minuten backen.

Kuschel-
roboter

Auch die härtesten Kerle brauchen mal Streichel-
einheiten. Hier kommt die Kuscheleinheit für Coole.

1. Durch die T-Shirt-Öffnung unten schiebst du ein Stück
Fotokarton, dann zeichnen die Stifte nicht durch. Den Stoff musst
du beim Bemalen schön gestreckt halten, sonst wirft er Falten und
die Zeichnung wird nicht so gut. Wer Angst hat, sein Werk könnte
beim Malen verrutschen, der spannt das T-Shirt über den Fotokarton
und sichert es auf der Rückseite mit Kreppband.

2. Jetzt die Vorderseite des T-Shirts nach Lust und Laune mit
Stoffmalstiften bemalen. Vielleicht hättest du ja lieber einen
waschechten Fußballprofi, einen bestimmten Superhelden oder
ein Kuschelauto? Deiner Fantasie sind
keine Grenzen gesetzt.

3. Ist das Bild gelungen, kommt
das Bügeleisen zum Einsatz. Vorsichtig ohne Dampf über das Bild
bügeln, so fixierst du es.

Öhm

Nee.

Der Plan war...

Das sollte...

„umgekehrt"

Seufz

Er hört dich nicht

Wenn du deinen Kuschel-
roboter mit Kirschkernen
füllst, kannst du ihn im
Backofen erhitzen und als
Wärmflaschenersatz nutze

Material:
Stoffmalstifte, weißes T-Shirt, Fotokarton, Füllwolle, Schere, Bügeleisen, Nadeln, Nähnadel und Faden (noch besser: Nähmaschine)

4. Dann kommt der Fotokarton weg und du schneidest einmal mit der Schere um den Roboter herum. Dazu bleiben die zwei Lagen (Vorder- und Rückseite) vom T-Shirt zusammen. Achtung: Genügend Rand lassen, damit man das Kissen gut füllen und auch noch festnähen kann.

5. Jetzt hast du zwei Stofffetzen, einen bemalten und einen unbemalten. Lege den bemalten nach unten, sodass der Roboter dich anschaut. Dann kommt die zweite Lage ohne Bild exakt darauf.

6. Am Rand helfen jetzt kleine Nadeln das Ganze zusammenzuhalten, wenn es mit dem Nähen losgeht. (Für Nicht-Näh-Profis: Hiiilfe holen!). Den Rand bis auf eine kleine Lücke von ca. 10 cm zusammennähen.

7. Stülpe durch die Lücke das Innere nach außen, sodass der Roboter wieder sichtbar wird.

8. Mit Füllwolle gefüllt bekommt er seine Form. Fülle zuerst die Ecken und dann den Hauptteil. Die noch offene Stelle vernähen und loskuscheln!

1. Eines vorweg – alles ist möglich. Deshalb gibt es hier nur eine Handvoll Beispiele, die aber auch gut untereinander kombiniert werden können.

2. Autos mit Klebstoff einmatschen und in Glitzer wälzen ergibt einen coolen Disco-Effekt. Goldene aufgeklebte Pailletten ergeben auch einen edlen Look.

3. Bemalt, mit Rennautonummer, Zeichen oder Werbung drauf, verwandelt sich ein einfarbiges Langweilerauto in einen echten Hingucker. Aufkleber sind ebenfalls eine gute Möglichkeit schnell ein tolles Ergebnis zu erzielen.

4. Beklebe ein Auto mit Wackelaugen, so bekommt es sogar ein richtiges Gesicht. Jetzt noch mit einem wasserfesten Stift einen Mund draufmalen und fertig.

5. Auch aus Filz lassen sich tolle Tuningteile herstellen, z.B. Feuerflammen oder Drachenkämme. Einfach ausschneiden und aufkleben. Fertig.

6. Natürlich lässt sich auch Mini-Plastikspielzeug prima auf die Autos kleben, dann allerdings am besten mit der Heißklebepistole, so hält es besser. Dafür ist die Hilfe eines Erwachsenen nötig, denn bei so fummeligen Kleinteilen verbrennt man sich mit dem Heißkleber schnell mal die Finger. Sind alle Turbo-Racer startklar, kann das Rennen beginnen – auf die Plätze, fertig, los!

Turbo-Racer

Gähnende Langweile in der Autokiste? 08/15 Spielzeugautos? Da hilft nur: Ran an den Kleber, jetzt wird aufgemotzt, gestylt und getuned!

Material:

alte langweilige Spielzeugautos, Glitzer oder Pailetten, Stoff- oder Filzreste, Wackelaugen, Mini-Plastikspielzeug, Perlen etc. (was im Kinderzimmer so rumfliegt und nicht mehr gebraucht wird – nur klein muss es sein), wasserfeste Stifte, Strohhalme, ggf. Pappe, Klebestreifen in Weiß, Alleskleber, Heißkleber

Tipp: Bau' dir eine Blitzrampe. Nimm ein längliches Stück Pappe und male es schwarz an. In die Mitte kommen weiße Klebestreifen als Fahrbahnmarkierung. Strohhalmstücke an den Rand kleben, Rampe ans Sofa lehnen und dann: Bahn frei für die Turbo-Racer!

Material:
kleine Plastikflasche (z.B. von Joghurtdrinks), Acrylfarbe, Mülltüte in Blau, Pinsel, Pappkugel (ø 25 mm), Schnur, Filzrest, Silberdraht (ø 0,8 mm), Alleskleber, Schere, wasserfeste Stifte

Fallschirm-springer

Vorhang auf für zwei windschnittige, wagemutige Fallschirmspringer. Diese Kerle haben nur eine Mission: in die Tiefe zu stürzen – und zwar elegant!

1. Die Pappkugel wird mit Alleskleber auf das Plastikfläschchen geklebt. Damit die Fallschirmspringerrübe festsitzt, muss sie gut trocknen.

2. In der Zwischenzeit suchst du dir eine große runde Schüssel. Lege sie auf den Müllsack und zeichne mit dem Stift einmal drumherum, sodass ein Kreis entsteht. Das ist dein Fallschirm. Schneide den Kreis aus.

3. Mittlerweile ist der Kopf getrocknet und das Männlein kann bemalt werden. Also, lass deiner Fantasie freien Lauf, schwinge den Pinsel, vergiss den Helm nicht – fertig. Wieder trocknen lassen.

4. Falte den Fallschirm einmal in der Mitte und dann noch mal, sodass ein Viertelkreis entsteht. Streiche gut über die Kanten des Viertelkreises, sodass die Faltkanten dir als Hilfslinien dienen können. Wenn du den Fallschirm jetzt wieder auseinanderfaltest, kannst du an den vier Faltlinien jeweils ungefähr 4 cm vom Rand mit einer Scherenspitze ein Loch machen.

5. Stecke durch jedes Loch ein Stück Schnur und verknote es. Dann nimmst du den Fallschirmspringer und befestigst die Schnüre um seinen Hals. Falls es zu kompliziert ist, die Schnüre gleichmäßig lang drumherum zu knoten, kannst du sie auch mit einem Gummiband am Hals fixieren.

6. Schal aus Filzstreifen zurechtschneiden, drumwickeln, zubinden und schon sieht man das Fadenzeug darunter nicht mehr.

7. Für gute Sicht bekommt der Herr jetzt noch eine Fliegerbrille verpasst. Dafür wickelst du ein längeres Stück Draht um einen Bleistift und ziehst den Bleistift dann raus. Lass ein wenig Abstand zum entstandenen Kringel und wickele das noch gerade Drahtstück erneut um den Bleistift. Jetzt schneidest du die Brillenbügel auf die richtige Länge und pikst die Enden in die Pappkugel. Vielleicht mit etwas Kleber fixieren. Fertig!

Such' dir eine Startposition! Hauptsache schön hoch: Stuhl, Tisch, Fenster, Balkon, Baumwipfel ... Aber Achtung: nur werfen – nicht hinterherspringen!

Tipp: Natürlich kann man auch einen kleinen Wettkampf veranstalten: Wer fliegt am weitesten?

Ich glaube den Jungs fehlt noch was...

Spaß? Optimismus? Leichtigkeit? Eleganz?

Fallschirme?

Der reiche Hai

Egal, ob du auf den nächsten Besuch im Aquarium oder für eine leckere Haifischflossen-suppe sparst: Hier kommt der richtige Ort für gut getarntes Taschengeld!

1. Bemale eine alte Shampooflasche mit blauer Acrylfarbe. Mit wasserfestem Stift zeichnest du ein fieses Haimaul mit spitzen Zähnen auf. Dann malst du es mit Acrylfarbe entsprechend aus.

2. Als Augen klebst du Wackelaugen auf beide Seiten der Flasche. Zeichne eine Haifischflosse auf grauen Fotokarton und schneide sie zweimal zurecht. Jetzt unten jeweils ein Stück umknicken, beide Pappstücke zusammenkleben und mit der abgeknickten Fläche auf den Hai pappen.

3. Nun fehlt nur noch die Öffnung fürs Geld. Die kommt hinter die Flosse und wird mit einem Cuttermesser hineingeschnitten. Lass dir evtl. helfen, damit du dir nicht in die Finger schneidest!

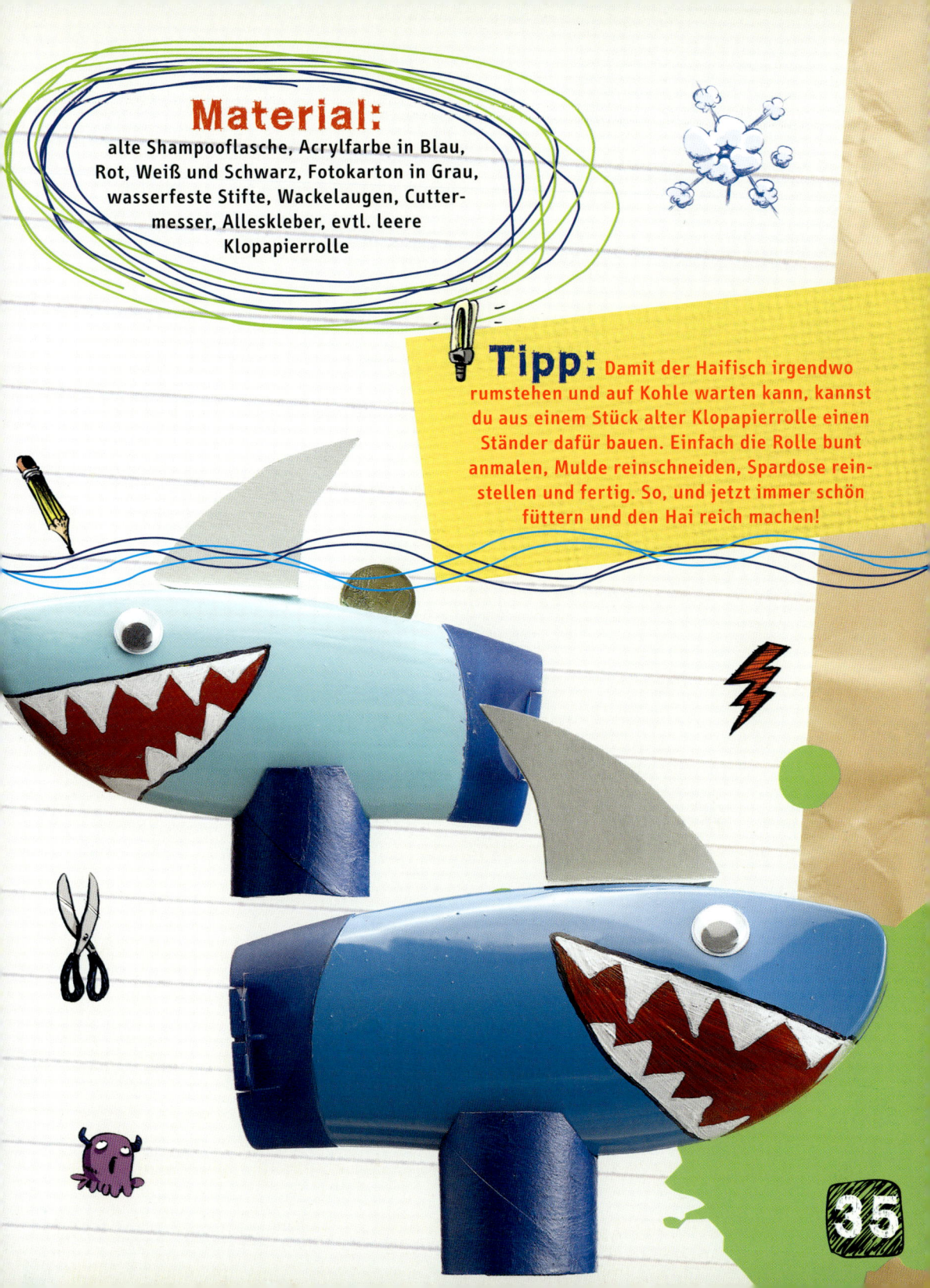

Material:
alte Shampooflasche, Acrylfarbe in Blau, Rot, Weiß und Schwarz, Fotokarton in Grau, wasserfeste Stifte, Wackelaugen, Cuttermesser, Alleskleber, evtl. leere Klopapierrolle

Tipp: Damit der Haifisch irgendwo rumstehen und auf Kohle warten kann, kannst du aus einem Stück alter Klopapierrolle einen Ständer dafür bauen. Einfach die Rolle bunt anmalen, Mulde reinschneiden, Spardose reinstellen und fertig. So, und jetzt immer schön füttern und den Hai reich machen!

Erfrischung gefällig

1. Die Schwammtücher mit einer Schere in der Mitte durchschneiden.

2. Dann daraus ähnlich breite Streifen schneiden (ca. 1,5 cm breit und 10 cm lang). Dabei kann es helfen, sich am Muster auf den Tüchern zu orientieren. So gelingt es, sauber zu schneiden.

3. Die fertigen Streifen übereinanderstapeln.

4. Jetzt einen Faden in die Nadel einfädeln und am Fadenende an der gleichen Stelle mehrere Knoten machen.

5. In die Mitte des Schwamm-tuch-Stapels von oben mit der Nadel hineinstechen und die Nadel einmal durch alle Lagen hindurchstechen. Dafür ist ein bisschen Kraft er-forderlich. Wenn es dir nicht gelingt, bitte einfach jemanden um Hilfe.

Schwamm-bomben

Es ist heiß, sehr heiß. Die Sonne brennt und eine kleine wilde Erfrischung wäre jetzt genau das Richtige? Dann ist es Zeit für Schwammbomben!

Material:
Schwammtücher, Nadel und Faden, Schere

6. Auf der anderen Seite angekommen, gleich noch einmal die Nadel durch den Stapel stechen und das Ende des Fadens mit einem Knoten versehen.

7. Jetzt lassen sich die Streifen auffächern, sodass eine Art Ball entsteht. Fertig ist die Schwammbombe!

Achtung! Laden nicht vergessen! Bombe in Wasser tunken, bis sie sich schön vollgesaugt hat, Ziel aussuchen und – Attacke!

Tipp: Mit Kreide kannst du Zielscheiben oder blöde Fratzen auf Schulhof, Bürgersteig oder Hauswand malen und dann losballern.

Material:
Pappteller, Schere, Tacker,
Acrylfarbe in verschie-
denen Grüntönen

1. Falte den ersten Pappteller einmal in der Mitte zusammen und schneide ihn entlang der entstandenen Linie in zwei Hälften. Das ist dein Dinosaurier-Grundkörper.

2. Schnapp' dir einen neuen Pappteller und zeichne z.B. auf den Rand einen langen
Hals für den Brontosaurus oder Zacken für den Stegosaurus ein. In die Mitte des Tellers
zeichnest du Dinobeine oder einen Kopf auf – ganz so, wie es dir gefällt.

3. Jetzt alle Teile ausschneiden.

4. Tackere zunächst den Grundkörper, also die beiden Hälften, zusammen.
Daran kannst du jetzt die restlichen Einzelteile wie Kopf, Schwanz und Füße heften

5. Zum Schluss bekommen deine Dinosaurier noch einen
dinomäßigen Anstrich verpasst.

Dinosupersaurier

Achtung, die Dinos sind los! Sie sind zwar nur aus Pappe, aber dafür schnell herbeigebastelt. Und wenn du möchtest, hast du im Nu einen ganzen Jurassic Park!

Yiehaa!

Idee:

Sorg' für Dinosaurier-Nachwuchs und mach' deine eigenen Dinoeier. Alles, was du brauchst, sind kleine Plastikdinosaurier, Sand und Modelliergips. Zwei Tassen Sand werden mit einer Tasse Modelliergips und einer halben Tasse Wasser vermatscht. Jetzt nimmst du einen Plastikdinosaurier und formst die Pampe so außen herum, dass ein Ei entsteht. Lass es am besten über Nacht trocknen. Wenn du Lust hast, betupfst du die Eier noch ein bisschen mit Farbe, dann sehen sie echter aus. Diese Dinoeier sind übrigens auch ein tolles Überraschungsgeschenk für Freunde. Die können sich dann als Forscher betätigen und mit kleinen Hölzchen den Dinosaurier freilegen.

Wasserspion

An alle Bach- und Meeresviecher: Nehmt euch in Acht! Ihr werdet beobachtet! Nein, nicht etwa vom U-Boot aus, sondern mit dem Wasserspion.

1. Schneide die obere Hälfte der Plastikflasche mit einer spitzen Schere oder einem Cuttermesser ab.

2. Für den Wasserspion brauchst du nur den unteren Teil. Bohre rechts und links unterhalb des Flaschenrands zwei Löcher. Mit einer Nietenzange befestigst du zwei Nieten in den Löchern.

3. Jetzt steckst du die beiden Schnurenden in jeweils eine Öffnung und machst einen Knoten in jedes Ende.

4. Wenn du deinen Spion ein bisschen aufpeppen willst, male ihn an oder klebe buntes Klebeband oben um den Rand. Aber Vorsicht: nicht zu viel, denn du willst ja den vollen Durchblick behalten!

Guck mal, ich glaube, sie haben sich schon angefreundet!

Süß

PS:
Haifische erkennt
man an der spitzen
Flosse und den
scharfen Zähnen! ☺

Material:
leere Plastikflasche, ein Stück Schnur
(gibt's im Baumarkt), buntes Klebeband,
Schere oder Cuttermesser,
Nieten und Lochzange

Tipp: Such' dir
ein Gewässer, am
besten einen Bach, oder
forsche im Meer. Einfach
den Wasserspion durchs
Wasser ziehen, mit
Wasser gefüllt wieder
hochholen und staunen.

1. Als Erstes musst du das Maul deines Weckschrecks vermessen. Dafür nimmst du ein Lineal und schreibst dir die Maße von deiner Wecker-Anzeige auf.

2. Zeichne das ausgemessene Kästchen auf ein Stück Plakatkarton und male einen Weckschreck deines Vertrauens ringsherum. Fällt dir nichts ein, benutze einfach die Vorlage hinten im Buch.

3. Jetzt geht's ans Ausschneiden. Einmal den Umriss und dann das Maul ausschneiden.

Weckschreck

Blöder Wecker, klingelt immer an der falschen Stelle vom Traum. Wenn das Ding schon so nervt, kann es wenigstens gut aussehen!

4. Nun kannst du die Pappe mit Stoff bekleben, wieder die Schere zücken und an den Umrissen entlang ausschneiden.

5. Du kannst deinem Weckschreck Augen aus Wattekugel-Hälften verpassen und mit schwarzem Filzstift Pupillen aufmalen. Wackelaugen gehen auch.

6. Wenn du Lust hast, verziere auch den Mund. Wie wär's mit Zähnen oder wulstigen Lippen? Dazu zeichnest du das Maul deines Weckschrecks auf Fotokarton auf (die Maße hast du ja) und verzierst es schön grausig. Jetzt das Ganze ausschneiden und auf den Stoff kleben.

7. Zum Schluss verbindest du die Weckschreck-Fratze mit dem Wecker. Benutze dazu Alleskleber oder Patafix®.

Feuer-schleuder

Feuerbälle gibt's nur im All? Pustekuchen. Hier kommt einer, der es in sich hat. Voll irdisch, voll heiß!

Material:

Tennisbälle, alte Nylonstrumpfhose, Acryl-farbe in Rot, Orange und Gelb, evtl. „Glow-in-the-dark-Farbe", Krepppapier in Rot, Gelb und Orange, Satinband

Tipp: Male deine Feuerschleuder mit „Glow-in-the-Dark-Farbe" an. Dann kannst du sie im Dunkeln durch die Gegend schleudern!

1. Nimm einen Tennisball in die Hand und stecke ihn dann in die Fußspitze der Nylonstrumpfhose.

2. Ganz nah an den Ball machst du einen Knoten mit dem Strumpfhosenbein. Der Ball ist jetzt schön umhüllt von der Strumpfhose und kann nicht mehr abhauen.

3. Den Teil der Strumpfhose, an dem normalerweise der Po sitzt, kannst du abschneiden. Den restlichen Teil vom Bein lässt du einfach dran. Das sieht noch nicht nach Feuerschleuder aus? Das wird noch!

4. Nimm Farbe und Pinsel und male den Ball an. Wie, bleibt dir überlassen – einfarbig, mehrfarbig, mit Feuerstreifen – ganz egal. Dann muss das Ganze trocknen.

5. In der Wartezeit schneidest du dir die Feuerschweif-Streifen aus Krepppapier zurecht und verknotest die Krepppapier-Streifen mit dem Strumpfhosenbein.

Hier kommen der starke Gunn und seine Mannschaft. Natürlich haben sie auch ein ordenliches Schlachtschiff, mit den sie in See stechen.

Wilde Wikinger

1. Der Getränkekarton wird quer gelegt und bekommt eine Luke (ca. 20 cm x 4 cm) hineingeschnitten.

2. Für das Vorder- und Hinterteil zeichnest du dir auf dicken Plakatkarton einen Drachenkopf und -schwanz und schneidest sie aus. Hinten im Buch ist eine Vorlage, die kannst du auch benutzen.

3. Jetzt wird der Pinsel geschwungen. Alles bekommt einen Anstrich — auch die Holzfigurenrohlinge. Ein Schiff braucht schließlich eine Mannschaft. Für die Augen kannst du Wackelaugen verwenden, Haare oder Bärte kannst du aus Wollresten machen.

4. Wenn du Lust hast, verzierst du das Schiff anschließend seitlich mit bunten Holzscheiben oder du schneidest Pappscheiben aus dem Plakatkarton aus, malst sie an und klebst sie auf.

5. Drachenkopf und -schwanz schneidest du unten einmal ein und steckst sie an Ort und Stelle über die Kanten des Schiffes.

6. Dann baust du den Wikingern aus Eichelhütchen und Fimo® einen Helm, damit ihre Rübe gut geschützt ist. Aus Fimo® formst du die berühmten Wikingerhörner, lässt sie trocknen und klebst sie dann rechts und links auf ein Eichelhütchen – fertig ist der Helm.

7. Jetzt kann das Schiff fast in See stechen. Nur ein Segel fehlt noch. Aus rot-weiß gestreiftem Fotokarton schneidest du dir ein passendes Segel (ca. 20 cm x 25 cm) zurecht.

8. Dann bohrst du oben und unten zwei Löcher mit einer Schere in das Papier und schiebst den Holzspieß hindurch. Forme aus Softknete eine Kugel und drücke sie auf die Schiffbodenmitte. Darin wird das Segel befestigt. Und jetzt: Volle Fahrt voraus!

Backbord! – Steuerbord! Wirds bald, ihr jämmerlichen Knäcke-Brötchen?

orwärts! Hopphopphopp! Nich einschlafen!

Backbord! Rückwärts! Kommt zurück ihr Feiglinge!

Material:
alter Getränkekarton, Plakatkarton, Acrylfarbe in Braun, Schwarz, Rot und Grün, Schere, 4 Rohholzfigurenkegel (7 cm hoch), Eichelhütchen, Fimo® light in Weiß, Fotokarton Rot-weiß gestreift, Holzspieß, Holzscheiben (ø 40 mm), Softknete, Wollreste, Wackelaugen (ø 4mm), Alleskleber

Material:
alte leere Sprühflasche, Krepppapier
in Grün, Fotokarton in Grün, Weiß und
Orange, Filz in Rot, Hellgrün und
Dunkelgrün, Wackelaugen,
Alleskleber

1. Schneide vom Krepppapier ca. 4 cm breite Streifen ab. Diese werden dann bis zur Hälfte eingeschnitten, sodass fransige Streifen entstehen.

2. Jetzt beginnst du von unten die Fransenstreifen um den Bauch der Flasche herumzukleben.

3. Als Nächstes schneidest du dir zweimal den Drachenkopf (Kopf, Zähne und Zunge) aus Fotokarton zurecht. Hinten im Buch gibt's auch eine Vorlage, falls du unsicher bist.

Flitze Feuerlösch

Achtung, alles in Deckung! Hier kommt Flitze Feuerlösch, und der spuckt kein Feuer, sondern Wasser. Klar kann er Feuer löschen, das sagt ja schon der Name. Aber nass spritzen kann er auch – und wie!

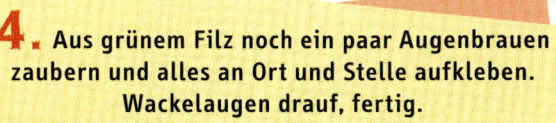

4. Aus grünem Filz noch ein paar Augenbrauen zaubern und alles an Ort und Stelle aufkleben. Wackelaugen drauf, fertig.

5. Beide Kopfteile rechts und links an den Sprühflaschenkopf kleben. Dabei darauf achten, dass eine Lücke zwischen beiden Kopfteilen bleibt, sonst spritzt der Drache sich selber nass.

6. Aus rotem Filz kannst du dir noch einen stacheligen Kamm für Kopf und Rücken und eine Zunge zurechtschnipseln. Vorlagen findest du hinten im Buch.

7. Jetzt braucht Flitze Feuerlösch nur eine Ladung Wasser in den Bauch und schon kann er loslöschen. Oder für Erfrischung sorgen.

Tipp: Riesige Feuer kann Flitze Feuerlösch natürlich nicht löschen, aber probier's doch mal mit einem Teelicht. Teelicht anzünden, drei Schritte zurückgehen und: Wasser marsch!

Knallköpfe

Diese beiden kleinen Monster haben eine etwas ungewöhnliche Eigenschaft: Von Zeit zu Zeit fliegt ihnen die Rübe ab.

He – das macht Spaß!

Material:

leere Filmdosen, Fotokarton, 2 Wattekugeln (ø 25 mm), 2 Styroporkugeln (ø 10 mm), 2 Styroporkugeln (ø 15 mm), Acrylfarbe in Hellgrün und Hellblau, 2 Zahnstocher, Wollreste, Filz, Cuttermesser, Schere

1. Streich' die Filmdose mit Alleskleber ein. Klebe je ein Stück Fotokarton um die Filmdosen und schneide alles, was übersteht, ab. Zum Deckel hin lässt du etwas Platz. Er muss sich gut öffnen lassen.

2. Von der Wattekugel schneidest du das untere Drittel ab, bemalst es mit Acrylfarbe in deiner Monsterlieblingsfarbe und klebst es auf den Filmdosendeckel.

3. Jetzt brauchen die Knallköpfe noch Augen. Entweder du halbierst die kleinen Styroporkugeln (ø 10 mm) mit einem Cutter oder du steckst die Kugeln (ø 15 mm) auf Zahnstocher. Alles monstermäßig bemalen und dann Augen aufkleben bzw. reinpiken.

4. Die Restdekoration ist dir überlassen. Verpass' deinem Monster Haare aus Wollresten oder kleine Antennen aus Draht. Denk' dir einfach was aus.

Rezept:

Leg' eine halbe Brausetablette (z.B. Multivitamintablette aus dem Drogeriemarkt) in den Monsterbauch und gib einen Esslöffel Wasser hinzu. Jetzt kommt der Kopf (Deckel) wieder oben drauf.

WICHTIG: Stell' den Knallkopf draußen an einen Ort, der schmutzig werden darf! Dann geh' ein paar Schritte zurück und warte – bis es knallt! Und es wird ordentlich knallen!

Lichtschwert

Stell' dir vor, Darth Vader kommt zu Besuch und du bist nicht bewaffnet! Das geht natürlich nicht. Hier kommt eine superfixe Lichtschwert-Bastelanleitung.

1. Schneide einen ca. 10 cm breiten Streifen von dem silbernen Fotokarton aus. Leg' ihn um deine Taschenlampe und schneide ihn so zurecht, dass er sie einmal umrundet. Jetzt tackerst du die silberne Rolle. Sie sieht danach aus wie eine silberne leere Klopapierrolle.

2. Beim Verzieren deines Lichtschwerts sind dir keine Grenzen gesetzt. Du kannst Klebebandstreifen aufkleben, aus Fotokarton Knöpfe ausschneiden oder Flaschendeckel als Schalter festkleben. Style dein Schwert einfach nach deinen Wünschen.

3. Danach klebst du die Rolle mit schwarzem Klebeband am Ende deiner Taschenlampe fest, sodass nur die obere Hälfte der Lampe verdeckt ist und der Rest herausschaut.

4. In die Papprollenöffnung steckst du einen aufgepusteten Modellierballon. Jetzt nur noch Taschenlampe einschalten und du wirst sehen: Darth Vader wird sich in die Hose machen!

Material:
Taschenlampe, Modellierballon (in Wunsch-Leuchtschwertfarbe), schwarzes und grünes Klebeband, Fotokarton in Silber, Rot und Schwarz, Goldfolie in Grün und Blau, Tacker

VHs Wolfenbüttel
Jeden Dienstag
Einsteiger-
Leucht-Fechten
mit Meister Y.

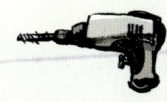

Material:

Spielzeugauto mit Rückziehmotor (z.B. von Darda), Pappbecher, Klebeband, leere Plastikflasche, Chenilledraht in Grün und Schwarz, Wattekugel (ø 25 mm), Tacker, Acrylfarbe in Schwarz und Grün, 2 Plastik-Tieraugen (ø 18 mm), 8 Holzperlen in Schwarz (ø 10 mm), kleiner Holzklotz (1,5 cm x 1,5 cm), Alleskleber

Was denn?
Hättest du lieber den
>> lahmen Mistkäfer <<
gebastelt?

Rennspinne

Wer hat Angst vor kleinen Krabbeltieren?
Niemand. Ist klar. Aber was ist mit Riesen-
spinnen, die durch die Gegend flitzen?

1. Für den Spinnenkörper schneidest du von einer Plastikflasche den Flaschenboden ab und malst ihn schön schwarz an.

2. Halbiere eine Wattekugel, male sie giftgrün an und steck' die
gruseligen Tieraugen vorne hinein. Klebe die Wattekugel dann
vorne an den Flaschenboden.

3. Für die Spinnenbeine verzwirbelst du jeweils einen schwarzen
mit einem grünen Chenilledraht und schneidest sie auf die gewünschte
Länge für deine Spinnenbeinchen. Diese werden an den schwarzen Körper
getackert und an ihren Enden werden schwarze Holzkugeln aufgesteckt.

4. Damit aus der Spinne eine Rennspinne wird, stülpst du den
Pappbecher über das aufziehbare Auto und schneidest ihn dann so
zurecht, dass er genauso hoch wie das Auto ist und nach
oben eine Öffnung hat.

5. Bemale den Becherring mit schwarzer Farbe
und stecke das Auto wieder in den Ring.

6. Jetzt befestigst du das Auto mit Klebeband an der Unterseite des
Pappbecherrings. Auf das Auto klebst du einen kleinen Holzklotz und
darauf dann den Spinnenkörper.

7. Jetzt abwarten, bis der Kleber gut getrocknet ist, dann kann's
losgehen. Von oben auf die Spinne drücken, nach hinten ziehen,
loslassen und zusehen, wie die Rennspinne durch die Bude flitzt.

Falsche Fährte

1. Die Holzklötze müssen an der Längsseite einmal komplett durchbohrt werden. Dafür bittest du am besten jemanden um Hilfe, der sich damit auskennt.

2. In der Zwischenzeit kannst du schon für die Abdrücke sorgen. Klebe drei gleichfarbige Moosgummiplatten übereinander und zeichne jeweils zwei fette Abdrücke darauf ein. Wenn du magst, kannst du dafür die Vorlagen im Buch verwenden.

3. Jetzt musst du die Abdrücke ausschneiden, entweder mit einer Schere oder einem Cuttermesser. Klebe sie auf den Holzklotz und lass den Kleber gut trocknen.

Hast du im Winter schon mal Tierspuren im Schnee erkundet? Oder Fußabdrücke im Sand? Was meinst du, wie die Leute staunen, wenn sie Spuren von Dinosauriern oder Monstertierchen entdecken!

Material:
Holzblöcke aus Fichtenleimholz (20 x 12 cm, ca. 3 cm hoch), 3 Moosgummiplatten in Grün, Bohrmaschine, Wäscheleine (ca. 4 m lang), Alleskleber

4. Fädele ein langes Stück Wäscheleine durch das Loch im Holzklotz und verknote beide Enden so, dass du die Leine wie bei Dosenstelzen halten kannst.

5. Wenn du Lust hast, kannst du die Holzklötze noch bemalen, musst du aber nicht, denn eigentlich kann es schon losgehen: Flitz' in den Sand oder Schnee, steig' auf die Holzklotz-Stelzen und lege eine falsche Fährte. Dann geh' in Deckung und sieh zu, wer darauf hereinfällt!

1. Zuerst klebst du die beiden Pappteller übereinander, sodass eine Art Frisbee®-Scheibe entsteht.

2. Falls du eine Figur hast, die mitfliegen soll, platzierst du sie so auf dieser Scheibe, dass der Joghurtbecher noch gut oben drauf passt. Erst Männchen, dann den Joghurtbecher festkleben.

3. Jetzt kannst du lospinseln. Lass ein kleines Sichtfenster für den Ufo-Kapitän, ansonsten malst du alles an. Achtung: gut trocknen lassen!

4. Die zwei Stecknadeln steckst du als Antennen von oben in dein Ufo.

5. Aus den Knicklichtern und der Steckverbindung machst du einen Leuchtring. Der leuchtet ziemlich schnell los und wird mit Kleber am Ufo befestigt. Intergalaktisch, aber wahr: Das war's schon. Du bist fertig! Jetzt muss es nur noch dunkel werden …

Ufos in Sicht!

Deine Eltern sehen neuerdings Ufos – in eurer Wohnung? Woran das wohl liegen mag? Und diese unbekannten Flugobjekte leuchten auch noch im Dunkeln?

Material:

leerer Joghurtbecher, 2 Pappteller, Acrylfarbe, Knicklichter mit Steckverbindung, Außerirdische in jeglicher Form (Plastikfigur, auf Papier gemalt, Bild von der kleinen Schwester ...), schwarzer wasserfester Stift, Stecknadeln, Alleskleber

Katapult

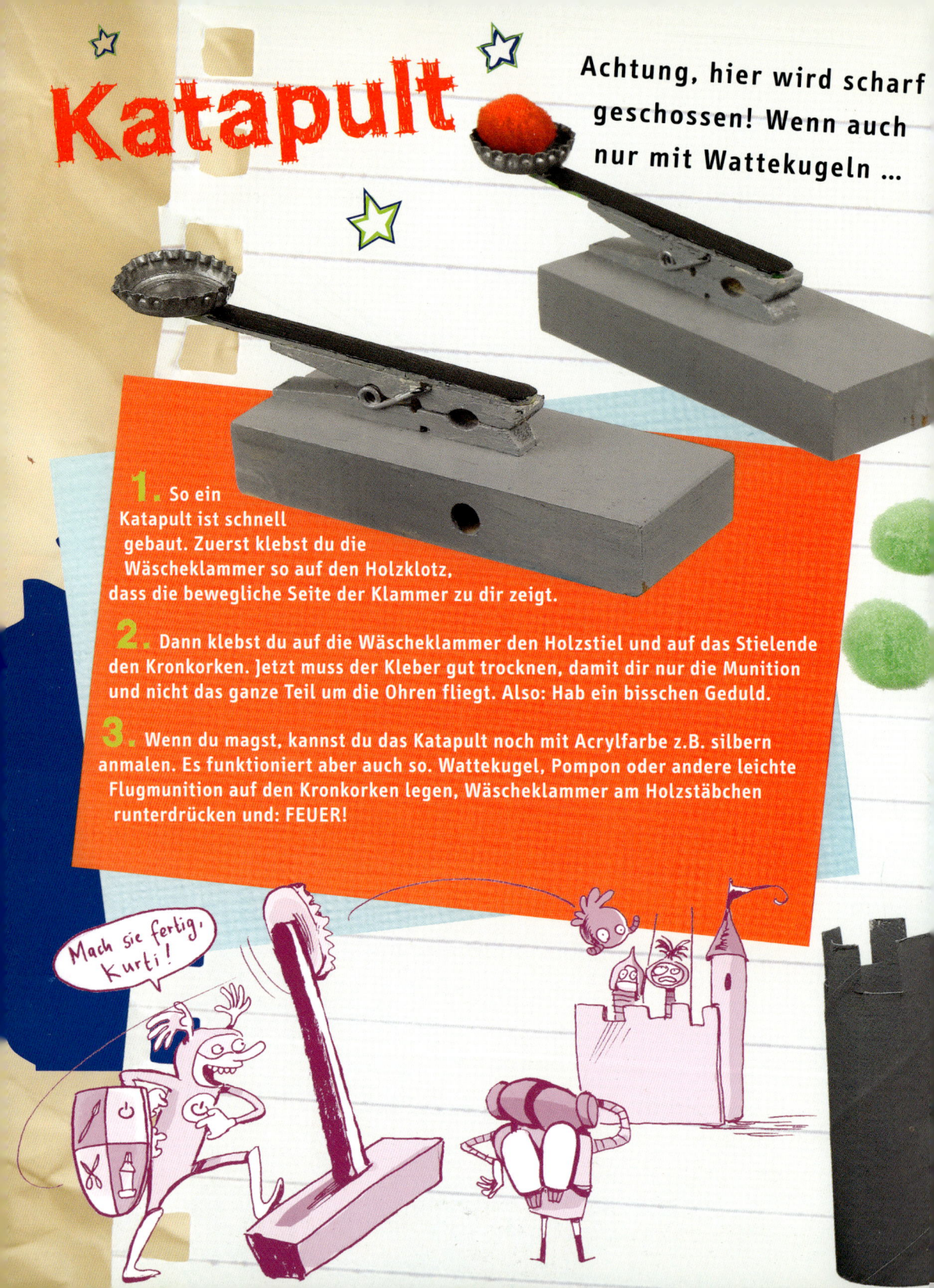

Achtung, hier wird scharf geschossen! Wenn auch nur mit Wattekugeln ...

1. So ein Katapult ist schnell gebaut. Zuerst klebst du die Wäscheklammer so auf den Holzklotz, dass die bewegliche Seite der Klammer zu dir zeigt.

2. Dann klebst du auf die Wäscheklammer den Holzstiel und auf das Stielende den Kronkorken. Jetzt muss der Kleber gut trocknen, damit dir nur die Munition und nicht das ganze Teil um die Ohren fliegt. Also: Hab ein bisschen Geduld.

3. Wenn du magst, kannst du das Katapult noch mit Acrylfarbe z.B. silbern anmalen. Es funktioniert aber auch so. Wattekugel, Pompon oder andere leichte Flugmunition auf den Kronkorken legen, Wäscheklammer am Holzstäbchen runterdrücken und: FEUER!

Hüja!

Material:

Holzblock (15 x 8 cm, ca. 3 cm hoch), Holzwäscheklammer, Kronkorken, Eisstiel oder Holzstäbchen, Acrylfarbe in Silber, Klopapierrollen, Fotokarton in Grau, Wattekugeln oder Pompons als Munition

Tröt

Tipp: Falls du keine Burg zum Angreifen hast, kannst du dir schnell eine basteln. Nimm ein paar Klopapierrollen und schneide Burgzinnen oben rein. Dann machst du zwei lange Schnitte von oben in die Rolle. Hier kommen die Torbögen rein. Einen Torbogen kannst du dir leicht aus grauem Fotokarton ausschneiden – kann ruhig ein bisschen krumm und schief sein – sind alte Burgen ja oft. Hauptsache du schneidest auch hier wieder zweimal lang ein und zwar dieses Mal von unten. So kannst du Klorollenburgturm und Torbogen ineinanderstecken. Das Ganze lässt sich beliebig erweitern. Hole die Plastikritter aus der Spielzeugkiste und schon kann der Sturm auf die Burg beginnen!

S. 20/21 **Waffenschmiede**
um 200% vergrößern

S. 56/57 Falsche Fährte

S. 42/43 **Weckschreck**
um 200% vergrößern

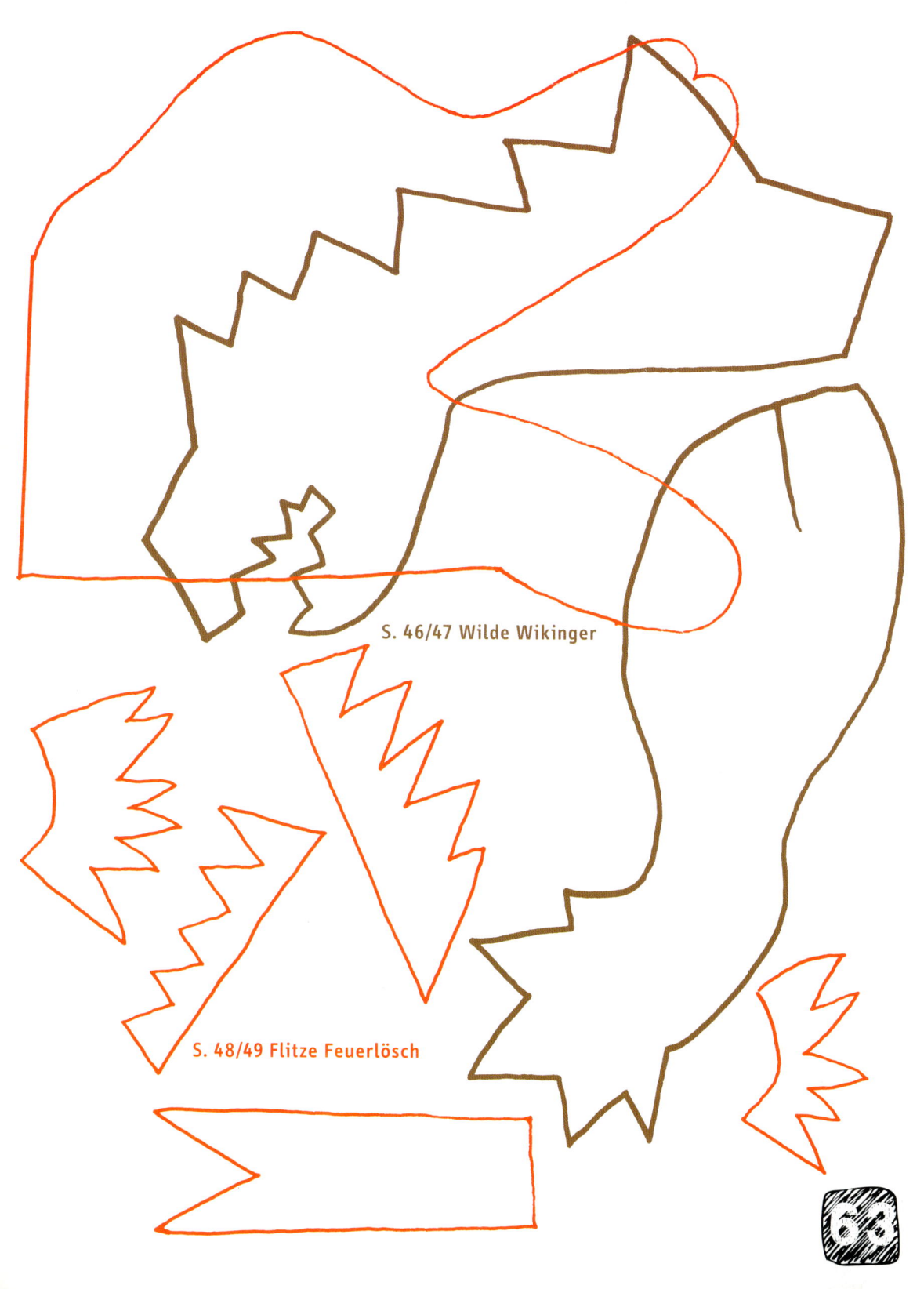

S. 46/47 Wilde Wikinger

S. 48/49 Flitze Feuerlösch

63

Pia Deges

ist als Kind in einen Kessel Konfetti gefallen. Seitdem schießt aus ihrem Knallkopf eine bunte Idee nach der anderen. Als Schwester von 3 (!) Brüdern wurde sie oftmals mit Monsterhänden gejagt und mehrfach zum Mond geschossen.
Obwohl sie Film- und Fernsehwissenschaften studiert hat und fürs Fernsehen textet, glotzt sie selber so gut wie nie. Stattdessen kramt sie am liebsten mit Pinsel und Schere bewaffnet in ihrem höchst geheimen Bastel-Experimentierlabor vor sich hin.
Sie lebt und arbeitet mit Mann und zwei Lieblingsbastelmonstern in Essen.

Alexander von Knorre

mag Comics, Abenteuergeschichten und Durch-die-Gegend-Spazieren. Er hat keinen Fernseher, kein Auto und keine Mikrowelle, dafür aber ziemlich viele Zeichenstifte. Er wohnt mit seiner Familie in Weimar. Da sitzt er den ganzen Tag über in einem kleinen Kabuff und zeichnet Bilder. Zeichnen kann er aus dem Kopf – aber wenn er mal kotzende Krokodile oder spuckende Matsch-Vulkane zusammenbasteln will, guckt er lieber in Büchern nach, wie das geht – in so irre nützlichen Büchern wie diesem hier zum Beispiel.

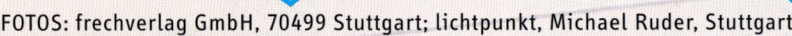

IMPRESSUM

FOTOS: frechverlag GmbH, 70499 Stuttgart; lichtpunkt, Michael Ruder, Stuttgart
ILLUSTRATIONEN: Alexander von Knorre
PRODUKTMANAGEMENT UND LEKTORAT: Angela Vornefeld
UMSCHLAG/LAYOUT: DSP® zeitgeist GmbH, Ettlingen
GESTALTUNG: WS – WerbeService Linke, Karlsruhe
DRUCK UND BINDUNG: Grafisches Centrum Cuno GmbH & Co. KG, Calbe

1. Auflage 2012

© 2012 frechverlag GmbH, 70499 Stuttgart

ISBN 978-3-7724-3978-0
Best.-Nr. 3978
PRINTED IN GERMANY